Daniel Jäger, Christina Heymann

Kooperation, Konkurrenz, Konflikte in und zwiscl

Daniel Jäger, Christina Heymann

Kooperation, Konkurrenz, Konflikte in und zwischen Gruppen

GRIN Verlag

Bibliografische Information der Deutschen Nationalbibliothek: Die Deutsche Bibliothek verzeichnet diese Publikation in der Deutschen Nationalbibliografie; detaillierte bibliografische Daten sind im Internet über http://dnb.d-nb.de/ abrufbar.

1. Auflage 2005
Copyright © 2005 GRIN Verlag
http://www.grin.com/
Druck und Bindung: Books on Demand GmbH, Norderstedt Germany
ISBN 978-3-640-45406-8

TECHNISCHE
UNIVERSITÄT
DARMSTADT

Institut für Sportwissenschaft

Seminar Sozialpsychologische Aspekte des Sports

Kooperation, Konkurrenz, Konflikte in und zwischen Gruppen

Inhaltsverzeichnis

1 Einleitung

In Sportberichten liest man heutzutage oft Floskeln wie zum Beispiel: „Aufgrund schlechter Kooperation innerhalb der zweiten Spielzeit erreichte die Mannschaft A nur ein 1:2 gegen Mannschaft B." oder „Spieler C konkurrierte in der letzten Monaten mit Spieler D um den Einsatz bei der Europameisterschaft" oder um ein letztes Exempel zu nennen „die Polizei versuchte nach Ende der Spielzeit eine größere Schlägerei zwischen zwei Fanclubs zu verhindern, die versuchten ihren Interessenskonflikt untereinander mit Gewalt auszutragen."

Im Folgenden wollen wir genauer auf die verschiedenen Formen der Kooperation, Konkurrenz von Personen oder Gruppen untereinander, sowie die möglichen der Entstehung von Konflikte in gewissen Situationen genauer eingehen. Dabei soll es primär um gruppendynamische Prozesse gehen und weniger um Situationen innerhalb oder zwischen Einzelpersonen.

Die drei Phänomene wurden erstmals im Bereich der Arbeits- und Organisationspsychologie untersucht. Das Ziel der Arbeitgeber war es, Arbeitsabläufe effektiver gestalten zu können. Die Erkenntnisse aus diesem Bereich wurden später zum Teil auf den Sport übertragen. Zusätzlich wurden die Phänomene im Sport untersucht.

2 Kooperation vs. Konkurrenz

Kooperation und Konkurrenz stehen in wechselseitiger Beziehung von mindestens zwei Personen innerhalb eines gemeinsamen Begrenzungsrahmen in Raum und Zeit. Im Alltagsgebrauch wird Kooperation im allgemeinen positiv, Konkurrenz eher ein negativ bewertet. Untersuchungen haben allerdings ergeben, dass diese Zuordnung nicht unbedingt gegeben ist. Eine Person kann sich in einer Situation sowohl kooperativ als auch konkurrierend verhalten. Um eine Situation diesbezüglich analysieren zu können ist es daher notwendig fördernde und hindernde Bedingungen, Folgen und Handlungszusammenhänge zu betrachten.

Im Folgenden wird Kooperation aus einigen Praxisfeldern dargestellt (Bsp. Arbeitsgruppen, kooperative Führung, Teamentwicklung). Dabei stellt sich die Frage, warum der Kooperation ein so großes Vertrauen entgegengebracht wird. Der instrumentelle Charakter, in dem man durch kooperative Verhalten höhere Leistung zu erzielen hofft, und die sozio-emotionale Qualität, die soziale Bedürfnisse durch Kooperation befriedigt und eine positive Entwicklung auf das soziale Klima hat, werden dabei als maßgebliche Faktoren angesehen.

Anschließend wird das Zustandekommen von kooperativen bzw. konkurrierenden Verhalten auf seine jeweiligen strukturellen Bedingungen untersucht.

Definitionen und umgangssprachliche Bedeutung

Kooperation und Konkurrenz gehören der Kategorie soziales Handeln an. Es besteht ein Spannungsverhältnis zwischen beiden Extremen, d.h. ob der Einzelne „mit" oder „gegen" andere handeln soll und auf diese Weise Leistung für die Gesellschaft erbringt. Hierbei müssen Verhaltenserwartungen und tatsächliches Verhalten allerdings nicht immer einander entsprechen.

Konkurrenz:

„Von Konkurrenz (Wettbewerb ...) wird dann gesprochen, wenn zwischen zwei oder mehreren Personen (Parteien) eine Wechselbeziehung besteht, bei der eine Person (Partei) nur auf Kosten der anderen ihr Ziel erreichen kann" (Neuberger, et all. 1985. S. 61). Konkurrierendes Verhalten ist auf ein bestimmtes Ziel hin orientiert, Personen bzw. Parteien versuchen dieses Ziel zu erreichen und die gegnerische Partei an der Erreichung deren Ziele zu hindern. Die Situation ist durch eine Knappheit der Mittel, wie beispielsweise dem Sieg in einem Wettkampf, dem Überlebenskampf der biologischen Selektion oder des von Eigennutz geprägten Verständnis des Menschen des wirtschaftlichen Liberalismus, gekennzeichnet.

Kooperation:

„Unter Kooperation (Zusammenarbeit ...) wird jegliche gesellschaftliche Zusammenarbeit zwischen Personen, Gruppen oder Organisationen verstanden" (Neuberger, et all. 1985. S. 61). Kooperation ist auf ein gemeinsames Ziel der Personen ausgerichtet, das zeitlich, räumlich, inhaltlich und sozial koordiniert werden muss und außerdem für jede Person belohnend ist. Die Gründe für kooperative Handeln sind zum einen in einer erhöhten Leistungsfähigkeit einer Gruppe gegenüber eines Einzelnen zu suchen (Bsp. Heben von Lasten), andererseits spielen aber auch soziale Gesichtspunkte eine Rolle (Bsp. Suchen von Geborgenheit, Nähe, Wärme, Demonstration von Zugehörigkeit oder Sympathie). Am Beispiel der Arbeitsteilung lässt sich darstellen, dass sich Kooperation nicht nur auf Kleingruppen beschränkt. Der Einzelne kann seine Persönlichkeit frei entfalten und einer ihm beliebigen Arbeit nachgehen. Die Einzelnen müssen allerdings auf ein Gesamtziel hin koordiniert werden.

Im Allgemeinen wird Kooperation als positiver Gegenpart zur eher negativen Konkurrenz verstanden. Beim genaueren Hinsehen bemerkt man, dass beide Begriffe keineswegs einander ausschließen. Zwei Studenten einer Lerngruppe versuchen in der folgenden Klausur die beste Zensur zu erreichen und werden somit zu Konkurrenten. Dies legt nahe Konkurrenz und Kooperation nicht als Gegenpole, sondern als zwei Dimensionen zu betrachten, welche je nach Situation bzw. Persönlichkeit mehr oder weniger vorhanden sind.

Dies macht eine Studie von Grunwald aus dem Jahr 1981 deutlich. Er untersuchte die umgangssprachliche Bedeutung beider Begriffe anhand von Fragebögen, die er Studenten der Wirtschaftswissenschaften, Verwaltungsangestellten und Krankenschwestern vorlegte. Auch hier wurden Kooperation und Konkurrenz als Gegensatzpaare begriffen. Konkurrenz war dabei das sozial Unerwünschte Verhalten und wurde negativ mit hart, egoistisch, aggressiv und intolerant assoziiert. Kooperation hingegen war sozial erwünscht und wurde in einen positiven Zusammenhang gebracht. Die Studenten sahen dabei den geringsten Unterschied zwischen Kooperation und Konkurrenz, was auf mangelnde Berufs- und Lebenserfahrung bezogen wurde. Krankenschwester werten Konkurrenz bzw. Kooperation aufgrund ihrer, in der Ausbildung erhaltenen Sozialisation, als negativ bzw. positiv (vgl. Grunewald, 1981, S. 50-81).

Diese Untersuchung macht sehr deutlich, dass beide Begriffe stets im Zusammenhang mit individuellen Erfahrungen, Empfindungen und Erwartungen gesehen werden müssen. Beide Begriffe können für den Einzelnen sowohl positive als auch negative Aspekte haben (Bsp.

Kooperation (positiv): Zusammengehörigkeit, Wärme, Vertrauen; (negativ): Unterordnung, Anpassung Eingezwängtsein).

Kooperatives und konkurrierendes Handeln kann nur erklärt werden, wenn fördernde bzw. hindernde Bedingungen, deren Folgen und die allgemeinen Handlungszusammenhänge einbezogen werden. (vgl. Neuberger, et all., 1985, S. 59-65).

3 Kooperation

Wie schon im vorherigen Kapitel angedeutet, genießt die Kooperation eine höhere soziale Wertschätzung und besitzt in der sozialpsychologischen Forschung eine größere Aufmerksamkeit als die Konkurrenz. Zentraler Bezugsrahmen für die Forschung liefern Gruppen aller Art (Bsp. Familie, Freundeskreis, Arbeitskollegen, Freizeitaktivitäten, uvm.). Die Erkenntnisse werden sowohl aus der Kleingruppenforschung, als auch aus dem Erforschen von Gruppendynamik gewonnen (vgl. Neuberger, et. all., 1985, S. 65f).

3.1 Arbeitsgruppen / Gruppenarbeit

Im Gegensatz zu freiwilligen Gruppen sind Arbeitsgruppen als so genannte Zwangsgruppen planmäßig gebildet worden und sind Teil einer übergeordneten Organisation. Die Art der Zusammenarbeit bewegt sich zwischen den beiden Polen Einzelarbeit und Teamarbeit. In der Teamarbeit sind Intensität von Interaktion, Gruppenbewusstsein und Gruppennormen am stärksten ausgebildet. Es soll eine Leistungssteigerung durch bewusst geförderte und verstärkte Gruppenprozesse erreicht werden. Während man in den zwanziger Jahren das Ausschalten der Persönlichkeit eines Menschen für eine effiziente Produktivität für notwendig hielt, wurde später klar, dass menschliches Handeln nicht nur von materiellen Bedingungen (Bsp. Beleuchtungsstärke) bestimmt wird. Vielmehr spielen soziale Faktoren, wie Anerkennung, Sympathien, gemeinsame Interessen, u.ä., eine wichtige Rolle. Der bisher angewandte Taylorismus (Ausschalten unnötiger Bewegungen zum effektiveren Arbeiten), wurde abgelöst. Die Optimierung der Arbeitsorganisation stellte nun die Verbesserung der menschlichen Beziehungen in den Vordergrund. Man wollte eine stärkere Identifikation der Arbeitnehmer mit dem Unternehmen und dessen Zielen zur Steigerung der Produktivität erreichen. In den skandinavischen Ländern tauchte gegen Anfang der sechziger Jahre der Begriff der „Industriellen Demokratie" auf. Dieser bedeutet, den Arbeitnehmern mehr Rechte und Verantwortung für den eigenen Arbeitsplatz zu überlassen. „Teilautonome" Gruppen bekamen selbstverantwortlich einen erweiterten Aufgabenbereich übertragen und mussten die Arbeit selbst organisieren. Die so gewonnene Autonomie der Gruppe bezieht sich allerdings

hauptsächlich auf die Arbeit bzw. die Arbeitsinhalte selbst. Positive Effekte waren vermehrte persönliche Kontakte innerhalb der Gruppe bzw. gegenüber dem direkten Vorgesetzten. Daraus ergaben sich eine höhere Kooperationsbereitschaft und ein besseres Verständnis füreinander. Allerdings ergab sich auch neues Konfliktpotential. Vermehrter sozialer Kontakt bzw. Kommunikation stellt hohe Anforderungen an die Mitglieder der Gruppe und kann somit auch überfordern. Der bisherige direkte Führungsstil der Vorgesetzten war nicht mehr möglich und insofern die Gruppe keinen Einfluss auf ihre Zusammensetzung hatte, konnten ebenfalls Spannungen entstehen. Gegenüber anderen Arbeitsgruppen entwickelte sich oftmals ein Gruppenegoismus. Man half diesen nicht und versuchte teilweise sogar zu sabotieren. Diese Form der Konkurrenz konte allerdings schnell wieder zurückkommen, wenn alle Gruppen nach diesem Schema arbeiten (vgl. Neuberger, et. all., 1985, S. 66-74).

3.2 Kooperative Führung

Wie schon angedeutet, verlangt eine kooperativ arbeitende Gruppe nach einer anderen Form der Führung. Vorgesetzte müssen viel mehr auf ihre Mitarbeiter eingehen und für ein warmes, menschliches Arbeitsklima sorgen. Seine Aufgabe ist es nicht widerspenstige Arbeitnehmer zu ihrer Pflicht zu bewegen, sondern Potentiale zu aktivieren, um einen optimale Arbeitsatmosphäre zu schaffen. Es ist wichtig die Mitarbeiter in die Gestaltung der Arbeits- und Sozialbeziehungen einzubeziehen und darüber hinaus zu vermitteln, dass es gemeinsame Ziele sind an denen gearbeitet wird. Diese Partizipation der Arbeitnehmer, in der Führung unter wechselseitiger Einflussnahme sich langfristig entwickelt, berücksichtigt Erwartungen und Interessen der Mitarbeiter. Kooperation als prosoziale Führung sieht einen Mitarbeiter nicht nur als Leistungserbringer, sondern gesteht im die Individualität und damit auch berufliche und private Interessen zu. Diese gehen anschließend in die Gestaltung der Arbeits- und Sozialbeziehungen ein.

Die klassischen Führungsstile von autoritär, über demokratisch bis hin zu laissez faire werden durch autoritäre bzw. kooperative Führungsstile ersetzt. Beide stellen die Extrempositionen einer Skala dar – es gibt sehr viele Zwischenstufen. Festzuhalten ist, dass nicht eindeutig nachgewiesen wurde, welche der „beiden" Führungsstile effektiver ist. Arbeitszufriedenhalt und Zusammenhalt sind beim kooperativen Führungsstil oftmals höher. Bei der Arbeitsleistung ist im einen Unternehmen der autoritäre Stil im anderen der kooperative Führungsstil überlegen. Die unterschiedlichen Ergebnisse lassen sich auf eine Vielzahl von nicht vergleichbaren Merkmalen der Studien und Betriebe zurückführen.

Auch bei dem Führungsverhalten lässt sich, wie bei Kooperation vs. Konkurrenz, nicht unbedingt sagen, dass beide die Extrempunkte einer Dimension sind. Anhand einer Untersuchung mit dem Leadership Behavior Description Questionaire (LBDQ) stellt man fest, dass sich zwei unabhängige Grunddimensionen „consideration" (Zuwendung und Respekt gegenüber dem Mitarbeiter; Mitentscheidung, Beteiligung) und „initiating structure" (Arbeitsdrucker, Kontrolle der Arbeitnehmer) ergeben (vgl. Neuberger, et. all., 1985, S. 74-79).

3.3 Funktion von Kooperation

3.3.1 Kooperation als Technologie

In der heutigen Leistungsgesellschaft kann ein System nur bestehen, wenn es messbar höheren Erfolg aufweist als ein anderes. Dies gilt ebenso für Gruppenarbeit, kooperative Führung und Teamentwicklung gegenüber traditionellen Arbeitsorganisationen. Man kann Kooperation also als Technologie, als eine Möglichkeit ein Problem zu lösen, verstehen.

In Untersuchungen wurde nachgewiesen, dass höhere Individualleistungen meist mit einer höheren Motivation bzw. einer damit verbundenen Belohnung verbunden waren. Man ging deshalb davon aus, dass Konkurrenz zu einer individuell höheren Produktion motiviert. Heute sieht man den Leistungsvorteil einer Gruppe in deren Synergieeffekt begründet. Dieser besagt, dass eine Gruppenleistung höher ist als die Summe der Einzelleistungen. Der Vorteil des interaktiven Zusammenwirkens kann in drei Bereiche eingeteilt werden:

- Aufgaben vom Typus des Hebens und Tragens
- Aufgaben des Suchens und Findens
- Aufgaben vom Typus des Bestimmens und Nominierens.

Die Leistung einer Gruppe ist hierbei abhängig von bestimmten Rahmenbedingungen, wobei die Art der Aufgabe eine wesentliche Rolle spielt. Problemlösen in einer Gruppe birgt aber neben den Vorteilen (Bsp. breiteres Wissensspektrum, großes Entdeckungspotential, originellere Lösungen, uvm.) auch Nachteile (Bsp. Schwierigkeit des koordinierten Vorgehens, Konflikte bei unterschiedlichen Zielvorstellungen, Gefahr für risikoreichere Entscheidungen).

Bei kreativen Aufgabenstellungen oder Aufgabenstellungen, bei denen Interaktionen notwendig sind, haben Gruppen Vorteile, wenn die Aufgaben neuartig und komplex sind. Eine Gruppe hat gegenüber einer einzelnen Person die Möglichkeit eine Aufgabe durch organisatorische Regelungen wie Kommunikation, Akzeptierung und Unabhängigkeit zu lösen. Die Gruppenmitglieder müssen hierbei aufgabenrelevante Informationen austauschen

(Kommunikation), gemeinschaftlich gefundene Lösungen als bestmögliche Lösungsstrategie akzeptieren und dennoch soweit unabhängig bleiben, dass sie eigene Lösungsmöglichkeiten erarbeiten können.

Betrachtet man nun die oben genannten Bedingungen unter denen eine Gruppe erfolgreich arbeiten kann, kommt man zu der Auffassung, dass der Leistungsvorteil von Gruppen vorhanden ist, aber nur dann ausgenutzt werden kann, wenn das Umfeld entsprechend gegeben ist und die Gruppenmitglieder untereinander auch am Erfolg der Gruppe interessiert sind. Es wird deutlich, dass nicht nur räumliche, sondern auch sozio-emotionale Bedingungen erfüllt sein müssen (vgl. Neuberger, et. all., 1985, S. 82-86).

3.3.2 Kooperation als sozio-emotionale Qualität

Um die oben genannten sozialen Anforderungen bewältigen zu können, ist eine gewisse soziale Kompetenz der Interagierenden Personen nötig. Dazu zählt man im allgemeinen Sensibilität, Verständnis, Hilfsbereitschaft, Solidarität u.ä. Defensives Klima in einer Gesellschaft und Abwehrgefühle von Furcht und Misstrauen können das Entwickeln von sozialen Kompetenzen verhindern. Dem kann man dadurch begegnen, dass mein ein Vertrauensklima schafft. Derjenige dem Vertrauen entgegengebracht wird, fasst zunehmend mehr Vertrauen zu seinem Gegenüber. Das Ergebnis dieses Prozesses mündet in „schnellere geistige Entwicklung, höhere Originalität, ... emotionale Stabilität ... [und geringerer] physiologischer Erregung zur Angstabwehr (Neuberger, 1985, S. 87).

Nach Gibb (1972) ergeben sich aus sozialer Interaktion vier durch die Umwelt bestimmte Probleme:

- Akzeptierungs-Problem (Misstrauen gegenüber sich selbst und anderen)
- Daten-Problem (Gefühl der Isolierung von der Gruppe)
- Ziel-Problem (Identitätsverlust: wer bin ich? Was verlange ich vom Leben?)
- Kontroll-Problem (Nichterreichen gesteckter Ziele, fehlende Einflussmöglichkeit auf die Umwelt)

Soziales Lernen und interpersonale Beziehungen werden von diesen vier Problemen bestimmt. Grundlegen muss zunächst die erste Dimension – die Akzeptierung – über wunden werden. Sie gilt als Voraussetzung der weiteren Probleme. Um sowohl Persönlichkeitsentwicklung als auch eine Verbesserung der Gruppenbeziehungen zu erreichen, muss zunächst das Beziehungsklima verbessert werden. Der Erfolg eines Lernprozesses hängt nach Gibb von der Art des Lenkungsverhaltens ab. Persuasives

Verhalten äußert sich in überreden, beeinflussen und anleiten durch den Trainer. Partizipatives Verhalten hingegen ist teilnehmend, offen, ermutigend und helfend.

Will man nun ein kooperatives Verhalten in einer Gruppe entwickeln, ist es immens wichtig die Gruppenmitglieder aktiv zu beteiligen, so dass Vorurteile überwunden und eigenes Verhalten kritisch reflektiert werden, damit letztendlich neue Einstellungen und Verhaltensweisen entstehen können. Dieses Modell zur Entwicklung von Kooperation ist allerdings wieder von Rahmenbedingungen und besonders von der Person des Trainers abhängig. D.h. partizipierendes Verhalten ist Voraussetzung für eine funktionierende Kooperation innerhalb einer Gruppe.

Das zur Kooperation notwendige Vertrauen kann selbstverständlich auch missbraucht werden bzw. die Erwartungen des Vertrauenden werden nicht erfüllt. Vertrauen bzw. Misstrauen beruhen dabei auf Verhaltensweisen meines Gegenübers, es ergibt sich ein Prinzip der Wechselseitigkeit. Im Zweifelsfalle ist es eher sinnvoll einer unbekannten Situation bzw. Person Vertrauen entgegenzubringen. Den meisten Menschen kann man eher vertrauen als misstrauen und vertrauensvolles Verhalten erweckt oft Vertrauen auf der Gegenseite. Misstrauen hingegen ist belastend, verbraucht mehr Kraft und lässt weniger Raum für ein unvoreingenommenes Leben (vgl. Neuberger, et. all., 1985, S. 86-91).

3.4 Bedingungen für Kooperation

Wie zuvor schon erwähnt, kann Kooperation nur im Zusammenhang mit den umgebenden Bedingungen erklärt werden. Hierbei wird zwischen intraindividuellen Bedingungen, interindividuellen Bedingungen und strukturellen Bedingungen unterschieden. Es handelt sich hierbei allerdings nicht um voneinander getrennte Dimensionen. Alle drei Einflussfaktoren wirken während einer Situation und bestimmen ob schließlich kooperative oder konkurrierendes Verhalten entsteht. Interindividuelle und strukturelle Bedingungen wirken nicht direkt auf eine Person ein, sondern haben eine Vermittelnde Funktion. Da die Wahrnehmung dieser Bedingungen individuell verarbeitet werden müssen, können Missverständnisse entstehen. Die individuell wahrgenommenen Kooperationsbedingungen müssen folglich nicht zwingend mit den tatsächlichen übereinstimmen (vgl. Neuberger, et. all., 1985, S. 91f).

3.4.1 Intraindividuelle Bedingungen

Wie schon erwähnt, ist kooperatives Verhalten mehrfach motiviert. Die einzelnen Motive lassen sich nicht direkt beobachten, sondern werden aus dem Zusammenhang menschlichen Handelns isoliert. Als Ursachen für Kooperation werden folgende Motive genannt:

- Grundlegende pyhsiologische Bedürfnisse (nach Wärme, Körperkontakt)
- Sicherheitsbedürfnis (Schutz in einer Gemeinschaft)
- Bedürfnis nach Kontakt und Gesellung
- Bedürfnis nach Achtung durch andere (gegenseitige Einflussnahme)
- Bedürfnis nach Zugehörigkeit (geht über bloße Kooperation hinaus)
- Bedürfnis nach Selbstachtung (abhängig von Autonomie und Freiheit innerhalb einer kooperativen Beziehung)

In Laboruntersuchungen wurde das komplexe Zusammenwirken verschiedenen Motive oftmals außer Acht gelassen und sich auf einzelne Motive beschränkt, was die Aussagekraft der einzelnen Untersuchungen stark einschränkt.

Die Kooperationsbereitschaft einzelner Personen ist abhängig von deren individuellen Erfahrung. Vertrauende Personen sind meist kooperativer als misstrauische Personen und passen sich außerdem mehr dem Verhalten des Partners an (vgl. Neuberger, et. all., 1985, S. 92-94).

3.4.2 Interindividuelle Bedingungen

Kommunikation bildet eine der wichtigsten Bedingungen für Kooperation zwischen Personen. Diese Kommunikation kann sowohl auf die gemeinsame Aufgabe, als auch auf kollektive Inhalte (Bsp. Gemeinsame Interessen, Verbesserung zwischenmenschlicher Beziehungen) bezogen sein. Beide Aspekte sind primäre Ziele bei der Einführung von Gruppenarbeit. Verbesserte Kommunikationsmöglichkeiten wirken sich positiv auf Arbeitszufriedenheit und Wohlbefinden bei der Arbeit aus. Ebenso führt ein Mehr an Kommunikation oftmals dazu, dass sich die wechselseitige Sympathie erhöht. Dies wird damit erklärt, dass mit zunehmender Kontakthäufigkeit Ähnlichkeiten der Interaktionspartner erkannt werden.

Innerhalb von Gruppen kommt es nicht selten dazu, dass offensichtliche Konflikte zugunsten des Gruppenzusammenhalts (der Kohäsion) nicht ausgetragen werden. Der Zusammenhalt wird durch die Möglichkeit zur Interaktion mit anderen Gruppenmitgliedern, welche als Belohnung dient und die Mitlieder an die Gruppe binden hilft. Um Ziele in einer Gruppe erreichen zu können und das Wohlbefinden über länger Zeit aufrecht zu erhalten ist es zwingend notwendig, dass eine Gruppe Konflikte lösen und zu gemeinsamen Entscheidungen kommen kann. Durch den Versuch den Zusammenhalt einer Gruppe zu stärken werden oft strukturelle Probleme einer Gruppe nicht beachtet (vgl. Neuberger, et. all., 1985, S. 94-96).

3.4.3 Strukturelle Bedingungen

Möchte man die Kooperationsbereitschaft innerhalb einer Gruppe fördern, muss man zunächst überlegen, ob es Sinn macht Einzelentlohnungen zu entrichten. Der daraus entstehende Wettbewerb – besonders in der Akkordarbeit – macht ein kooperatives Arbeitsklima fast unmöglich. Gruppenentlohnungen, Beteiligung an Gehaltsentscheidungen und entgegenbringen von Eigenverantwortung können Kooperationsbereitschaft, Verantwortlichkeit und soziale Unterstützung in der Gruppe hingegen verstärken. Ebenso verhält es sich mit dem Bereich Arbeitsteilung. Je enger man den Aufgabenbereich eines Einzelnen begrenzt und je weniger Gestaltungsmöglichkeiten die Gruppe bei der Bewältigung ihrer Aufgaben bekommt, desto weniger Möglichkeiten zur Kommunikation werden gegeben. Kooperationsverhalten kann ebenfalls nicht entstehen, wenn die Zusammensetzung der Gruppe häufig geändert wird.

Die Partizipation der Arbeitnehmer an den Entscheidungen des Arbeitsablaufes kann allerdings nicht von heute auf morgen geschaffen werden. Ebenso ist Kooperationsbildung ein langfristiger Prozess an den Arbeitnehmer und Führungspersonen langsam herangeführt werden müssen. Wichtig ist ebenfalls, dass die Ziele der Beteiligten im Laufe des Lernprozesses veränderbar sind.

Bemühungen zwischenmenschliche Beziehungen und somit kooperatives Verhalten zu etablieren hängen maßgeblich davon ab, ob ergebnisorientierte und soziaemotionale Aspekte gleichermaßen berücksichtigt werden (vgl. Neuberger, et. all., 1985, S. 96-98).

4 Konkurrenz

4.1 Bedingungen für Konkurrenz

4.1.1 Intraindividuelle Bedingungen

Auch konkurrierendes Verhalten ist maßgeblich motivgeleitet. Diese Motive weisen eine „individualistische, feindliche, rivalisierende und defensive Orientierung" (Neuberger, et. All., 1985, S. 98) auf. Die Person versucht den eigenen Gewinn zu maximieren bzw. den des Konkurrenten zu minimieren. Der Individualist möchte besser sein als andere und einen persönlichen Vorteil gewinnen. Ebenso ist das Machtmotiv, in dem man versucht andere Menschen zu manipulieren bzw. auszubeuten, sehr stark ausgeprägt. Konkurrenzeingestellte Personen verhalten sich oftmals konkurrierend, weil sie erwarten, dass ihr Gegenüber ebenfalls so eingestellt ist, was auch auf mangelnde Wahrnehmung und Fehlinterpretation des

Verhaltens anderer zurückzuführen ist. Um einen eigenen Vorteil zu erreichen, nutzen Konkurrenzorientierten Personen kooperativ eingestellte Personen oft aus, obwohl diese ihnen Vertrauen entgegenbringen (vgl. Neuberger, et. all., 1985, S. 98-99).

4.1.2 Interindividuelle Bedingungen

Konkurrenten erreichen ihre Ziele im Wesentlichen auf Kosten eines anderen (im Gegensatz zur Kooperation, wo es um gemeinsames Erreichen des Ziels, Konfliktlösung oder Konsensbildung ging). Die Beziehung der Kontrahenten sind durch emotionale Distanz, Misstrauen oder sogar Feindschaft gekennzeichnet. Man arbeitet gegeneinander, um die eigene Position durch geschickte Strategien zu stärken. Ein Möglichkeit einen Vorteil zu erreichen ist das Zurückhalten von Informationen.

Das Vorhandensein von Droh- bzw. Bestrafungsmöglichkeiten und damit hervorgerufenen Abwehrreaktionen sind maßgeblich an der Entstehung von Konkurrenzverhalten beteiligt. Drohungen sind dabei um so wirksamer, je glaubhafter die Drohung wirkt und je höher das Prestige des Drohenden ist. Die mächtigere Person nutzt ihre Position oftmals aus, um höhere Forderungen zu stellen. Widersetzt dich nun der schwächere Konkurrent und versucht durch seinen Widerstand seine eigene Position zu stärken, wird eine Einigung erschwert und die Gewinne sind niedriger.

Cliquenbildung erfolgt dann, wenn gegenüber anderen die eigenen Interessen durchgesetzt werden sollen. Dabei werden persönliche Beziehungen so ausgenutzt, um die eigene Machtposition gegenüber anderen aufzuwerten, wobei den einzelnen Cliquenmitgliedern Schutz geboten wird.

Um sich weitere Vorteile zu schaffen, ist es sinnvoll sich bei hierarchisch höher stehenden Personen einzuschmeicheln. Die geschieht durch die Manipulation von Informationen über sich selbst. Ziel ist es nicht symmetrische Beziehungen zu schaffen, sondern einen Vorteil durch bewusst asymmetrisch angelegte Beziehungen zu erreichen. Die eingesetzten Mittel gehen vom fairen Wettbewerb über Intrigen und Erpressung bis hin zur Sabotage.

Langfristig ist es nicht möglich ein rein konkurrierendes Verhalten an den Tag zu legen. Wie bei der Cliquenbildung beschrieben, kommt es immer wieder zum Einfließen kooperativer Elemente (vgl. Neuberger, et. all., 1985, S. 99-102).

4.1.3 Strukturelle Bedingungen

Das Erkennen von Situationen, in denen eine Person nur auf Kosten der anderen gewinnen kann, hat das frei werden sogenannter latenter Energien zur Folge, die eine höhere Leistung des Einzelnen hervorrufen können.

Die Entstehung von Konkurrenz in Organisationen hängt eng damit zusammen, wenn die individuelle Leistungserbringung in den Vordergrund gestellt wird. Durch eng begrenzte Zeitvorgaben zur Erbringung einer bestimmten Leistung ist es nicht mehr möglich sich gegenseitig zu unterstützen. Der Mangel an bestimmten Positionen kann ebenfalls zu Konkurrenzverhalten führen, besonders wenn dieses noch mit Beförderungen, Ehrungen oder materiellen Vorteilen (Bsp. Dienstwagen) verbunden sind.

Innerhalb einer Arbeitsgruppe kann die Rollen- und damit die Arbeitsverteilung zu Konkurrenz führen, ebenso sind Unterschiede in der Tätigkeit, Lohngruppe oder die Einschätzung eines Arbeitsplatzes als „besser" oder „schlechter" Gründe dafür.

Die Folge von Konkurrenz ist oftmals Selektion (ein leistungsschwächerer Arbeiter wird bei gemeinsamen Gruppenlohnniveau aus dem Team vertrieben). Qualifikation unterbleibt meist.

Die Möglichkeit zum selbstbestimmten Entfalten des Arbeitsverhaltens wird meist durch andere Personen oder technische Gegebenheiten begrenzt, individuelle Ziele sind nicht mit denen der andren vereinbar. Das erreichen der eigenen Ziele hat Priorität und dafür ist „jedes" Mittel recht (vgl. Neuberger, et. all., 1985, S. 102-103).

5 Konflikte

5.1 Was ist ein Konflikt

Konflikte sind für viele Menschen mit Erinnerungen an mehr oder weniger unangenehme Situationen verbunden, sodass der Begriff „Konflikt" oft von vorneherein emotional negativ besetzt ist.

Jedoch ist zum Beispiel in Unternehmen ein konfliktfreier Zustand überhaupt nicht wünschenswert, da sonst innerbetriebliches Entwicklungspotential verloren gehen kann. Dies würde für das Unternehmen den Verlust an Kreativität, Flexibilität und Anpassungsfähigkeit bedeuten. Das bedeutet, dass nicht der Konflikt problematisch ist, sondern dessen Art der Bewältigung an sich. Negativ sind somit nur unbearbeitete, ignorierte bzw. verdrängte, also ungelöste Konflikte, die unterschiedliche negative Folgen mit sich bringen (vgl. www.eca-online.de/doks/ECA_Newsletter04c-04.pdf).

Unabhängig davon besteht für die Parteien durch Konflikte auch immer die Möglichkeit zu sozialem Lernen.

In zwischenmenschlichen Beziehungen sind Konflikte unvermeidlich. Denn durch die beim Menschen vorfindbaren verschiedenen persönlichen Werte und Wertvorstellungen ist ein

Konflikt eine unvermeidliche und sich häufig wiederholende Erscheinung im Zusammenleben von Menschen. Das heißt, dass es eine Konfliktsituation keine Ausnahmesituation ist (vgl. Thomas Fleischer, S 114). Allerdings kann man sagen, dass Konflikte meistens von den Konfliktparteien unterschiedlich wahrgenommen werden.

In der Literatur findet man verschiedene Definitionen für den Begriff „Konflikt". Beispielsweise heißt es wie folgt: „Nichtbefriedigte Menschen tragen ihre Gefühle entweder aggressiv in die Umwelt und bewirken dort den offenen Konflikt, oder sie drücken sie nach innen und lösen einen intrapersonellen Konflikte aus" (vgl. Bauer, 1983, S. 42). Im Folgenden sollen allerdings primär interpersonelle Konflikte behandelt werden. Daher nun noch eine genauere Definition des interpersonellen, sozialen Konflikts: Er ist „eine Interaktion zwischen Aktoren (Individuen, Gruppen, Organisationen, Völker usw.). Dabei erlebt wenigstens ein Aktor Differenzen (Unterschiede, Widersprüche oder Unvereinbarkeiten) im Wahrnehmen und im Denken, Vorstellen, Interpretieren, im Fühlen (Sympathie, Antipathie, Vertrauen oder Misstrauen etc.) und im Wollen (Motive, Ziele, Triebfedern) mit dem anderen Aktor (bzw. anderen Aktoren) und zwar in der Art, dass beim Verwirklichen (Umsetzen, Ausführen, Realisieren) dessen, was der Aktor denkt, fühlt oder will, eine Beeinträchtigung – durch einen anderen Aktor (bzw. durch die anderen Aktoren) erfolge" (vgl. Glasl, 2003, S.123).

Zusammengefasst sind Konflikte Auseinandersetzungen mit sich selbst, oder zwischen zwei oder mehreren Personen bzw. Personengruppen, die gegensätzliche oder gleichartige, aber nicht gleichzeitig realisierbare Handlungsabsichten verfolgen. Sie haben sich zum Ziel gesetzt den oder die Anderen zu überzeugen, kontrollieren, behindern, bedrohen oder sogar zu verletzen, um die eigene Absicht durchzusetzen.

Ein Beispiel für solche Konflikte stellt folgende Situation dar. Ein Basketballverein, der seit Jahren mit der gleiche Besetzung spielt, bekommt einen neuen Trainer, der neuen Wind in die Mannschaft bringen will. Die Spieler sind allerdings sehr auf die alten Regeln und Vorgehensweisen eingespielt und lehnen die neuen Ideen des Trainers ab.

5.2 Wo kann es überall Konflikte geben

Der oben genannte Konflikt, zwischen dem Trainer, der der Meinung ist einige Änderungen mit der Mannschaft durchführen zu müssen, und der Mannschaft, die jegliche Erneuerungen demonstrativ ablehnt, kann man als Sachkonflikt bezeichnen. Hierbei haben beide Parteien

unterschiedliche Wünsche und Ansprüche. Der Trainer will neue Trainingsideen umsetzen, die den Vorstellungen der Mannschaft widersprechen. Dies kann jegliche weitere Konfliktarten mit sich ziehen. Es besteht beispielsweise das Potenzial, dass sich die Situation zu einem Beziehungskonflikt entwickelt. D.h. es kann zu einer persönlichen Abneigung, dem Trainer gegenüber kommen. Entspricht zum Beispiel die Auffassung des Trainers, wie viel Einsatz die Spieler für den Verein erbringen sollen und wie viel Zeit vergleichsweise sie für Familie und Freunde beibehalten sollen, nicht mit der der Spieler überein, liegt hier ein Wertekonflikt vor. Eine weitere Ebene, auf der sich aus dieser Situation ein Konflikt entwickeln kann, ist die personelle Ebene. Zum Beispiel kann der Trainer aufgrund des vorliegenden Werte-, Beziehungs-, oder Sachkonflikt in einen inneren Konflikt geraten. D.h. er gerät mit sich selbst in den Konflikt, ob es richtig war diese langjährig zusammenarbeitende Mannschaft zusätzlich zu der Erneuerung des Trainers mit neuen Trainingsprinzipien und –zielen zu überrumpeln. Er würde in diesem Falle die Richtigkeit seiner eigenen Vorgehensweise in Frage stellen und stände in dem inneren Konflikt, einerseits die eigenen Ideen durchführen zu wollen, andererseits sich erst einmal auf die Mannschaft einstellen zu müssen. Man nennt dies auch einen Eigeninteressenskonflikt (siehe intern generierende Konfliktpotentiale).

Es existieren also, obwohl viele Konflikte auf den ersten Blick ähnlich aussehen, bei genauerem Hinsehen viele Unterschiede. Es gibt Konflikte zwischen zwei Menschen oder Gruppen (interpersonelle Konflikt), sowie innerhalb einer einzelnen Person (intrapersoneller Konflikt) oder Gruppe. Zusätzlich sind Konflikte auf unterschiedlichen Ebenen, wie der Sachebene, Beziehungsebene oder der Werteebene, möglich (vgl. www.socioweb.de/seminar/konflikt/anwenden/index.htm).

5.3 Konfliktpotentiale

Ein wie oben definierter Konflikt kann die verschiedensten Ursachen haben. Das heißt, es gibt die verschiedensten Konfliktpotentiale, die zu bestimmten Konflikten führen können. Dabei existieren unterschiedlich generierende Konfliktpotentiale, wie intern oder extern generierende Konfliktpotentiale, die sich aus manchen Verhaltenserwartungen ableiten lassen (vgl. Thiel, 2002, S.141).

5.3.1 Intern generierende Konfliktpotentiale

Intern generierende Konfliktpotentiale können Eigeninteressens- und Strukturkonflikte hervorrufen. Hierbei gibt es verschiedene Unterformen von Strukturkonflikten, wie Paradigmen-, Positions- und Regelkonflikte.

Paradigmenkonflikte sind Konflikte über die zeitlich, soziale und sachliche Festlegung von, zum Beispiel sportlichen Zielen einer Basketballmannschaft in einer Spielsaison, die sich zwischen Führungspersonen wie Trainer und Vereinsvorsitzendem abspielen können. Wichtig dabei ist, welche Ziele oder Erfolge mit welchen Mitteln innerhalb von welchem Zeitraum erreicht werden sollen. Dabei kann wichtig sein, was der Verein der Öffentlichkeit gegenüber präsentieren soll, bzw. welche Kennzeichen er als Identifikationsobjekt besitzen soll (vgl. Thiel, 2002, S 142 ff).

Im Vergleich dazu sind Positionskonflikte dadurch gekennzeichnet, dass gewisse Erwartungsdifferenzen bei bestimmten Positionen vorliegen. Bei einer Basketballmannschaft können das Konflikte sein, die sich durch ungenaue Aufgabenzuteilung, bzw. Aufgabenbeschreibung zu den entsprechenden Mannschaftsführern, ergeben. Ein typisches Beispiel wäre hier eine ungenaue Abgrenzung der Zuständigkeitsbereiche zwischen Trainer und Manager in Bezug auf die Mannschaft (vgl. Thiel, 2002, S 143).

Weiterhin können solche Positionskonflikte aber auch innerhalb einer Mannschaft aufkommen, wenn Konkurrenzkämpfe um bestimmte Mannschaftsinterne Positionen vorherrschen. Eine bekannte Situation ist, wenn es um den aktiven Einsatz der Spieler im Wettkampf geht. Dabei sind Konflikte zwischen den einzelnen Spielern, wie zwischen Nichtberücksichtigten Spielern und Trainer möglich (vgl. Thiel, 2002, S 144 ff).

Bei Regelkonflikten geht es um kommunizierte Erwartungsdifferenzen, die sich auf bestimmte formale Regeln innerhalb der Mannschaft, des Vereins oder innerhalb einer Sportart beziehen. Ganz bekannte Regeln sind dabei das Fairplay, oder Verstöße gegen das Dopinggesetz. Liegt solch ein Regelverstoß vor, wird es innerhalb der Gruppe bzw. Mannschaft zu Auseinandersetzungen kommen. Man kann auch sagen, dass Regelkonflikte aus differenten Gruppenerwartungen resultieren. Dabei ist es nicht unwichtig, welcher Gruppierung die Akteure zugehören. Ein Beispiel stellt nach Thiel Folgendes dar. Bei einer Europameisterschaft der Herren, im Jahre 1996, gerieten Spieler der holländischen Nationalmannschaft, die selbst oder deren Eltern in Surinam geboren wurden, mit anderen Mannschaftsmitgliedern in eine Auseinandersetzung. Der Grund für ihre Auseinandersetzung war, dass sie der Meinung waren, im Gegensatz zu ihren hellhäutigen Kollegen, zu niedrig bezahlt zu werden. Dadurch fühlten sie sich innerhalb der holländischen Teams diskriminiert. Dem Trainer gelang es nicht, den Konflikt zwischen den Parteien innerhalb der Mannschaft zu schlichten. Das Ergebnis der Auseinandersetzung war, dass der Anführer der Surinam-Partei frühzeitig von den Europameisterschaften heimgeschickt wurde (vgl. Thiel, 2002, S 146).

Eine weitere Ursache für Regelkonflikte innerhalb einer Gruppe oder Sportmannschaft kann auch sein, dass sie bestimmten Regeln unterworfen sind, die schriftlich nicht festgehalten sind. Darunter fallen Regeln, die der Trainer, durch die Hierarchie vorgegeben, festlegen kann. Dabei legt er diese nach seinen eigenen Vorstellungen bindend fest. Eine derart festgelegte Regel könnte beispielsweise über das Freizeitverhalten der Spieler entscheiden. Die Festlegung solcher Regeln stellt allerdings einen Eingriff in die Privatsphäre der Spieler dar und kann einen großen Reibungspunkt zwischen Trainer und der Mannschaft hervorrufen.

Weitere intern generierende Konfliktpotentiale können, wie schon erwähnt, durch Eigeninteressenskonflikte bedingt sein. Dies sind kommunizierte Widersprüche, die innerhalb einer Sportspielmannschaft aus Erwartungsdifferenzen von Individualinteressen resultieren können (vgl. Thiel, 2002, S147 ff).

Wenn zum Beispiel ein Spieler seine Macht- und Herrschaftspotentiale seiner Spielposition ausnutzt und anstatt sich mannschaftsdienlich zu verhalten, die von ihm abhängigen Positionen ignoriert um selbst die meisten Tore zu schießen, liegt ein solcher Eigeninteressenskonflikt vor. D.h., der Spieler handelt im Eigeninteresse auf Kosten der anderen Mitspieler.

Ebenso entwickelt sich ein Eigeninteressekonflikt, wenn sich der Präsident eines Vereins so sehr für das Erlangen eines politischen Amtes engagiert, dass er seine Vereinstätigkeiten aufgrund von Zeitmangel vernachlässigt. Auch dies wird von den anderen Vertretern des Vereins kritisiert und sanktioniert werden, da er die Vereinsmitglieder, für die er verantwortlich ist, im Stich lässt, um seinem eigenen Interesse, ein politisches Amt zu erlangen, nachzugehen.

Letztlich können sich Eigeninteressekonflikte aus unterschiedlichen individuellen Interessen von Gruppen- oder Mannschaftsmitgliedern ergeben, wenn sich diese nicht miteinander vereinbaren lassen.

5.3.2 Extern generierende Konfliktpotentiale

Extern generierende Konfliktpotentiale können Leistungs- und Publikationsbedingten Konflikte hervorrufen.

Leistungskonflikte ergeben sich aus Differenzen beim Vergleich von erwarteter und präsentierter Leistung. Sie können daraus resultieren, dass ein Wettkampf oder Spiel in der Art der Durchführung für Zuschauer oder Sponsoren nicht attraktiv genug ist, so dass es zu einer Abnahme der Zuschauerzahlen und Sponsorengeldern kommt. Aber es können auch die

sportliche Leistung von Spielern oder die Erfolgsbilanz eines Trainers sein, die geringer ist, als die an sie gestellten Erwartungen es vorgeben.

Ein publizierter Konflikt dagegen ist kein eigener Konflikttypus, sondern es geht eher um die Publikation von Konflikten, unabhängig davon, ob diese wirklich schon beobachtet wurden oder nicht. Allein die Tatsache, dass Widersprüche öffentlich kundgegeben werden, kann diese Konflikte überhaupt erst hervorrufen oder die Konfliktparteien dazu beeinflussen. Nach Thiel (2002, S. 150) ist solch ein publizierter Konflikt in zweifacher Hinsicht von Bedeutung. Nach ihm gilt er „als eine alternative Konstruktion einer Konfliktrealität sowie als Provokateur und Katalysator von Konflikten in der Wettkampfeinheit" (vgl. Thiel, 2002, S. 150). Das heißt, dass durch beliebige und variable Parteinahme von Sportjournalisten innerhalb eines Konfliktverlaufes, die Publikation des Konflikts regulierend auf dessen Verlauf wirken kann. Konfliktbeteiligte können dadurch irritiert werden, was sie zu einer Verhaltensänderung bringen kann. Diese Verhaltensänderung kann die Eskalation eines Konflikts, aber auch die Deeskalation des Konflikts fördern. Diese Konstruktion von Konfliktrealitäten durch Medien ist zu der Wirkung auf die Beteiligten selbst, auch in der Wirkung auf die Fans oder Sponsoren einer Sportmannschaft von Bedeutung. Denn während die Realität in den Berichten der Massenmedien für die beteiligten Sportler nur eine ergänzende Wirklichkeitsbeschreibung zu der eigenen ist, stellt diese für die äußere Umwelt, die nicht direkt mit den Beteiligten in Beziehung stehen, die einzige Beschreibung dar.

Die Provokation oder Ankurbelung von Konflikten kann durch mediale Berichterstattung einer Aussage erfolgen, die bei Anderen Aufmerksamkeit erregt, da diese eine andere Meinung vertreten. Diese Publikation führt oft zu Desinteresse sich in die Sicht des Anderen hineinzuversetzen, was folglich zum Konflikt führt. Medien sind somit oft Katalysatoren von Konflikten innerhalb oder zwischen Gruppen, bzw. einzelnen Personen (vgl. Thiel, 2002, S 151).

5.4 Konfliktstufen

Nach der European Coaching Association (ECA) gibt es fünf Konfliktstufen in denen Konflikte ablaufen können. Auf Stufe eins liegen erstmals Unlustgefühle vor und es wird von einer oder beiden Konfliktparteien ein gewisses Vermeidungsverhalten praktiziert. Allerdings werden hier der oder die Anderen oft nicht bewusst als Konfliktpartner empfunden (vgl. www.eca-online.de/doks/ECA_Newsletter04c-04.pdf).

Auf der zweiten Stufe treten schon deutlich massive Störungen in der Kommunikation auf. Die andere Person oder Gruppe wird als Auslöser für die Störung gesehen, oder schon als

Konfliktgegner (vgl. www.eca-online.de/doks/ECA_Newsletter04c-04.pdf). Ein typisches Beispiel für diese Stufe ist der Streit zweier Fußballspieler, die sich auf Grund einer vergebenen gelben Karte, darüber streiten, wer im Recht ist und wer nicht.

Kann diese Situation nicht gelöst werden, wird die so genannte Störung zum Konflikt. Es wird dabei entweder durch einen Dritten, im Beispiel oben dem Schiedsrichter oder einem der Spieler, der Versuch gestartet einen möglichen Schaden durch Konflikt zu verhindern, oder es hat sich die Situation schon so zugespitzt, dass die Parteien den Konflikt in Konfliktstufe vier münden lassen. Diese Stufe nennt sich nach der ECA eine Krise. Ist es soweit gekommen, besteht eine große Gefahr der Dauerkrise. Spätestens auf dieser Stufe besteht ein so großes Konfliktpotential, dass Schädigungen des Konfliktpartners in Kauf genommen werden oder sogar bewusst provoziert werden. Folgen dieser Stufe können je nach Konflikt auch psychosomatische Störungen der Persönlichkeit der Konfliktparteien sein (vgl. www.eca-online.de/doks/ECA_Newsletter04c-04.pdf).

Sogar im Sport findet man Konflikte die bis zu dieser Stufe eskalieren. Beispielsweise bei Schlägereien zwischen Fans verschiedener Mannschaften bei Fußballspielen, gibt es immer wieder Schwerstverletzte. Genau in dieser Situation nehmen beide Parteien die Möglichkeit in Kauf, die Gegenpartei zu schädigen.

Die letzte mögliche Stufe ist der Krieg. Hier steht die Absicht, den Gegner zu vernichten oder nachhaltig zu schädigen, im Vordergrund (vgl. www.eca-online.de/doks/ECA_Newsletter04c-04.pdf).

5.5 Konfliktfolgen

Allgemein kann ein Konflikt, je nach dem wie und ob er beendet wird, entsprechende Folgen mit sich tragen. Wird der Konflikt nicht gelöst, bleibt alles beim Alten, d.h. die Konfliktparteien gehen sich aus dem Weg oder versuchen weiter sich zu schädigen. Kann der Konflikt aber geregelt werden und kommt es zu einer Klärung und Entspannung der Situation, hat dies zur Folge, dass entweder beide Parteien einen Kompromiss eingehen müssen oder eine der beiden sich anpassen muss. Die mögliche Konfliktfolge ist, dass durch die Ausübung des Konflikts und durch die Anpassung einer Partei, diese sich unterdrückt fühlt, nach Verbündeten sucht und ein tendenziell ansteigendes Konfliktpotential vorherrscht. Es folgt eine Erhöhung der Konfliktintensität, siehe auch Konfliktstufen. Man kann daher zusammenfassend sagen, dass Konflikte produktive Kräfte besitzen.

D.h., dass je nachdem bis zu welcher Stufe sich der Konflikt entwickelt hat, dieser auch entsprechend größere oder kleinere Folgen mit sich bringt. In der Regel entstehen durch einen

Konflikt für eine oder beide Parteien gewisse ``Kosten´´, d.h. wenn sich eine Partei zu Lasten der Anderen durchzusetzen versucht, entspricht der Nutzen des Gewinners den Kosten des Verlierers (vgl. Fleischer, 1990, S.114).

Es lassen sich zwei verschiedene Wirkungen eines Konflikts unterscheiden. Es gibt einerseits die negative, dysfunktionale Wirkung, wie oben schon beschrieben, und andererseits die wünschenswerte, funktionale Wirkung. Diese kann darin bestehen, dass die Parteien durch das Durchleben des Konflikts Gelegenheit zu sozialem Lernen bekommen. Dies kann einen sozialen Wandel zur Folge haben (vgl. Fleischer, 1990, S.114 ff).

6 Zusammenfassung

Das Auftreten von kooperativen bzw. konkurrierenden Verhalten ist von den jeweiligen interpersonellen, intrapersonellen und strukturellen Bedingungen abhängig.

Jeder Mensch hat ein gewisses Sicherheitsbedürfnis, sucht soziale Kontakte und weist ein gewisses Maß an (Selbst-) Achtung auf. Aus diesen Motiven heraus tritt er in Kontakt zu anderen Menschen und hofft darauf, dass diese ebenso denken. Er hofft auf deren Kooperation. Um mit anderen Menschen in Kontakt treten zu können ist Kommunikation und die Fähigkeit Konflikte lösen zu können unumgänglich. Kooperatives Verhalten wird gefördert, wenn der Einzelne in der Gruppe akzeptiert ist und seinen Teil zum Gelingen des Gruppenziels beitragen kann. Hierzu sind gemeinsame Ziele einer Gruppe notwendig. Wenn das gewünschte Ziel erreicht ist, sollte dann auch die gesamte Gruppe belohnt werden und nicht nur einzelne.

Wie es Bedingungen gibt, unter denen kooperatives Verhalten besonders häufig auftreten kann, sind die Bedingungen für Konkurrenzverhalten ebenso feststellbar. Eine Person, die den eigenen Gewinn maximieren will und/oder dabei Macht auf andere Personen ausüben möchte, wird schwer zur Kooperation bewegen zu sein, es sei denn, die Person verspricht sich daraus einen späteren Gewinn. Wenn man wichtige Informationen nicht an andere Personen weiter gibt, hat man denen gegenüber einen Wettbewerbsvorteil. Das Vorhandensein von Droh- und Bestrafungsmöglichkeiten und einer damit verbundenen Hierarchie können je nach Nutzung der Möglichkeiten ebenso dazu führen, dass Personen unterdrückt und benachteiligt werden. Aber auch unter Konkurrenten ist es üblich sich gegenseitig zu unterstützen. Dabei werden Cliquen gebildet, die innerhalb der Clique zusammenhalten, gegenüber anderen Gruppen also als Einheit auftreten, mit den anderen Gruppen aber in Konkurrenz treten. Konkurrenz tritt besonders häufig auf, wenn die individuelle Leistung bewertet wird, obwohl sie vielleicht sogar innerhalb einer Gruppe erbracht wird. Ohne gemeinsame Ziele wird es schwer sein eine

Gruppe dazu zu bringen zusammen zu arbeiten. Ebenso ist eine vorgegebene Rollen- und Aufgabenverteilung kontraproduktiv. Dem Einzelnen wird dabei die Möglichkeit genommen sich durch gute Leistungen hervorzutun.

Der Bezug oben genannter Bedingungen für Kooperation bzw. Konkurrenz zum Sport lässt sich besonders in Sportspielmannschaften feststellen. Sind in einer Mannschaft von Anfang an die Positionen verteilt, wird die Motivation zum sich ständigen Verbessern irgendwann erlahmen. Gleiches gilt bei unterschiedlicher Bezahlung von Sportlern. Der hoch bezahlte Sportler steht unter enormen Leistungsdruck, während sich hingegen der Underdog sagen kann, dass er wenig Geld bekommt und sich dafür auch kein Bein ausreißen muss. Ein Trainer kann, sofern er die oben genannten Bedingungen kennt, das Klima und die Art und Weise miteinander umzugehen in einer Mannschaft stark beeinflussen. Es hängt davon ab, welche Bedingungen er schafft. Gelingt es ihm nicht ein gutes Klima zu erzeugen, kann es zu den verschiedensten Konfliktsituationen kommen, die auf verschiedene Art und Weisen ablaufen können und entsprechende Folgen mit sich bringen können. Es können sich Konflikte zwischen den einzelnen Gruppenmitgliedern, zwischen Gruppen, aber auch Konflikte die eine Person mit sich selbst hat, ergeben. Solche Konflikte entwickeln sich meist aus Erwartungsdifferenzen, d.h. wenn bestimmte Konfliktpotentiale vorliegen, die nicht anderweitig beseitigt werden können, führen diese zu einem Konflikt. Die Folgen von Konflikten können nicht nur negativ, sondern durchaus auch positiv sein.

7 Literaturverzeichnis

Bauer, W. (1983). *Konflikte zwischen Trainern und Journalisten – Beitrag zur Erforschung von Konflikten zwischen Sekundärgruppen.* Bern: Peter Lang AG.

Fleischer, T. (1990). *Zur Verbesserung der sozialen Kompetenz von Lehrern und Schulleitern – Kommunikationskompetenz und Interaktionskultur als Systemanforderung in der Schule.* Hohengehren: Schneider.

Gibb, J.R. (1972). Das Vertrauensklima. In: Bradford, L.P., Gibb, J.R., Benne, K.D. (Hrsg.), *Gruppentraining. T-Gruppentherorie und Laboratiuriumsmethode* (S. 301-336). Stuttgart: Klett.

Glasl, F. (2003). Konfliktmanagement. In Auhagen, A.E. & Bierhoff, H.-W (Hrsg.), *Angewandte Sozialpsychologie – Das Praxishandbuch* (S.123-136). Weinheim, Basel, Berlin: Beltz.

Grunwald, W. (1981). Konflikte – Konkurrenz – Kooperation: Eine theoretisch-empirische Konzeptanalyse. In: Grundwald, W., Lilge, H.-G. (Hrsg.), *Kooperation und Konkurrenz in Organisationen* (S. 50-85). Bern, Stuttgart: Haupt.

Neuberger, O., Conradi, W., Maier, W. (1985). *Individuelles Handeln und sozialer Einfluß – Einführung in die Sozialpsychologie.* S.59-109. Opladen: Westdeutscher Verlag.

Thiel, A. (2002). *Konflikte in Sportspielmannschaften des Spitzensports – Entstehung und Management.* Schorndorf: Hofmann.

Notbauer, H. *Konflikte als Chance für eine wirkungsvolle Zusammenarbeit.* www.eca-online.de/doks/ECA_Newsletter04c-04.pdf, 11.09.2004.

www.socioweb.de/seminar/konflikt/anwenden/index.htm, abgerufen 09.12.2004.

9 783640 454068